Bil Bakalım!

Bil Bakalım!
NE ZAMAN?

Géraldine Maincent

YKY
YAPI KREDİ YAYINLARI

Yapı Kredi Yayınları - 4826
Doğan Kardeş - 800

Bil Bakalım - Ne Zaman? / Géraldine Maincent
Özgün adı: **Dis-Moi! C'etait Quand déjà!**
Çeviren: **Orçun Türkay**

Resimler
Kişiler ve anıtlar: **Isabelle Assémat**
Tarih ve bilim: **Judit Frigola**
Kültür ve spor: **David Raphet**
Gündelik yaşam: **Laurent Kling**

Proje yönetmeni: **Carine Girac-Marinier**
Genel editör: **Florence Pierron-Boursot**
Editör: **Claire Tenailleau**
Sanat yönetmeni: **Laurent Carré**
Sayfa düzeni: **Marie Rébulard**

Çeviriye temel alınan baskı: **Larousse 2016**

Türkçe yayın editörü: **Korkut Erdur**
Türkçe grafik uygulama: **Arzu Yaraş**
Düzelti: **Aslıhan Dinç**

1. baskı: İstanbul, Mayıs 2017
ISBN 978-975-08-3850-7

Baskı: Holinail Press, Çin

Yapı Kredi Kültür Sanat Yayıncılık Ticaret ve Sanayi A.Ş.
Kemeraltı Caddesi Karaköy Palas No: 4 Kat: 2-3 Karaköy 34425 İstanbul
Telefon: (0 212) 252 47 00 (pbx) Faks: (0 212) 293 07 23
http://www.ykykultur.com.tr
e-posta: **ykykultur@ykykultur.com.tr**
İnternet satış adresi: **http://alisveris.yapikredi.com.tr**

Yapı Kredi Kültür Sanat Yayıncılık
PEN International Publishers Circle üyesidir.

Kişiler ve anıtlar

Çıkartmaları bulup yerlerine yapıştır!

MÖ. 3,3 milyon

Lucy ne zaman yaşadı?

İskeleti 1974'te Etiyopya'da bulundu, ama bundan yaklaşık 3,3 milyon yıl önce yaşadı. O bir Australophitecus, yani atamız *Homo*'nun bir akrabası. Ama Lucy adı biraz daha çağdaş: Bir Beatles şarkısından geliyor!

MÖ. 7500

En eski mumya ne zamandan kalma?

9415 yıl önceden! Kuzey Amerika'da, Kızılderililerin yaşadığı topraklarda bulunan Fallon Mumyası (adı bu) Mısırlı arkadaşlarından 3000 yaş daha büyük. İnkalar ile Çinliler, Mısırlılardan çok önce "mumyalama sanatı"nı uyguluyorlardı.

Akropolis ne zamandan kalma?

İzler MÖ. 3000 yılında bile onun Yunanistan'ın başkenti Atina'nın tepesinde yükseldiğini gösteriyor. O zamanlar içi tapınaklarla dolu kutsal bir yer değildi, hele turistik bir sitle hiç ilgisi yoktu. Akropolis başlangıçta saldırı durumunda sığınılacak bir kaleydi.

Mısır piramitleri ne zaman yapıldı?

4500 yılı aşkın süre önce! En büyüğü dede Keops'unkidir. Öteki ikisiyse oğul Kefren ile torun Mikerinos'unki. Onların çocukları neden bu işi sürdürmemiş? Bunu asla öğrenemeyeceğiz...

Remus ile Romulus ne zaman yaşadı?

Böyle birileri hiç var olmadı! Bunlar mitoloji kahramanları: Roma'nın (İtalya) ilk kralları. İkiz oldukları, bir kurt tarafından yetiştirildikleri anlatılır. Sonra Romulus kendi adını taşıyan kenti kurmak için Remus'u öldürür.

Buddha ne zaman yaşadı?

Bundan 2500 yıl önce. Bu Nepal Prensi'nin adı sarayından ayrılıp yoksulluğu keşfedene dek Siddhartha Gautama'ydı. Sonra gördükleri onu derinden sarstı, bir daha geri dönmemeye karar verdi. Kendisinin yaşam biçimi Asya'daki en yaygın din olan Budizm'in temelini oluşturur.

Çin Seddi ne zaman yapıldı?

Köylüler, işçiler, askerler ve tutsaklar XVII. yüzyıla dek, tam 20 yüzyıl boyunca onu yapmak için nöbetleşe çalıştılar! 6700 km'lik uzunluğuyla şimdiye dek insan eliyle yapılmış en büyük anıt o.

Spartacus ne zaman yaşadı?

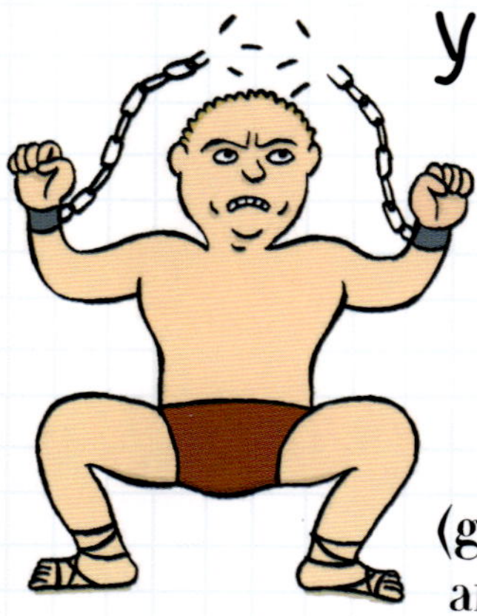

Ünlü gladyatör çok uzun yaşamadı: MÖ. 100 ile MÖ. 70 yılları arasında 30 yıl. Arenada dövüşecek zamanı olmadı, ama büyük bir savaşa katıldı: Kölelerle (gladyatörler de onların arasındaydı) Romalı önderler arasındaki savaşa.

Kleopatra ne zaman hüküm sürdü?

Mısır'ın en ünlü kraliçesi Antikçağ'da, MÖ. 69 ile 30 yılları arasında yaşadı, hiç kuşkusuz âşık olduğu Julius Caesar'la aynı zamanda. Kaldı ki, Caesar kendisinden 30 yaş büyüktü!

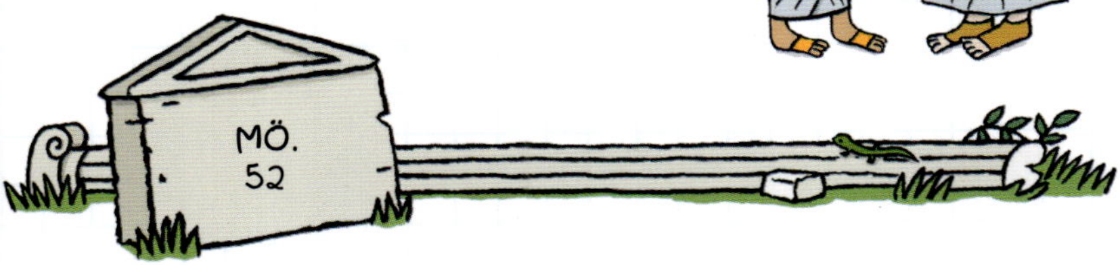

Vercingetorix ne zaman hüküm sürdü?

Kleopatra'yla aynı zamanda! Ama onun Julius Caesar'la ilişkisi pek de Kleopatra'nınki gibi değildi: Galyalıların önderi olarak MÖ. 52'de Alesia'da Roma İmparatoru'na yenildi. Galya'nın Roma'nın eline geçmesi bir yana, kendisi de öldürüldü.

Hz. İsa ne zaman doğdu?

532'de, bir keşiş onun doğumunun takvimimizin başlangıcına, 0 yılına işaret etmesi gerektiğine karar verdi. Ama hesaplarında yanıldı ve İsa'yı 6 ya da 7 yaş gençleştirdi. İş işten geçmiş, takvim çoktan benimsenmişti. Hz. İsa böylece MÖ. 6 ya da 7 yılında doğmuş oldu.

Colosseum ne zaman yapıldı?

Başlangıçta, o MS. 72'de İmparator Vespasianus tarafından kurutulmuş bir göldü. Gladyatörlerle aslanlar 500 yıl boyunca orada boy gösterdiler, sonra Colosseum kaleye, mezarlığa, atölyeye dönüştü... Sonunda da turistik bir sit alanı oldu.

508

Paris ne zamandan beri Fransa'nın başkenti?

Paris'i Clovis 508'de başkent seçti. Ondan önce, Lyon, Soissons, Reims vb. başkent olmuştu. XVII. yüzyılda, XIV. Louis Versailles'da oturmayı yeğledi. İki dünya savaşı sırasında da Paris'in yerini Bordeaux, Tours ve Vichy alacaktı.

Hz. Muhammed ne zaman yaşadı?

Bugün Suudi Arabistan sınırları içinde bulunan Mekke'de doğdu. Müslümanların kutsal kitabı olan Kuran, İslam dininin peygamberi Hz. Muhammed'e indirilmişti.

Sfenks'in burnu ne zaman kayboldu?

Mısır piramitlerinin bekçisi X. yüzyıldan beri burunsuz. Nedeni bilinmiyor, ama yapılan incelemeler bunu dev heykelin ayaklarını kemiren kumun değil, bir insanın yaptığını düşündürüyor.

Vikingler ne zaman yaşadı?

Kuzey ülkelerinden gelen bu uzun saçlı ve sakallı adamlar Ortaçağ'da, 795'e doğru Avrupa kıyılarına çıktılar. Amaçları neydi? Yağma etmek ve ticaret yapmak. Bu Kuzeylilerin (ya da Normanların) Fransa'da ele geçirdikleri yere de Normandiya denir.

Moai heykelleri ne zamandan kalma?

Şili'yle Tahiti arasındaki Paskalya Adası'nda bulunan bu dev taş heykeller XII. ile XVII. yüzyıllar arasında yontuldu. Ne niçin yapıldıklarını, ne de özellikle nasıl yapıldıklarını tam olarak biliyoruz: Bu heykellerin en "küçük"leri bile yaklaşık 14 ton ağırlığında!

Paris'teki Notre-Dame Katedrali ne zaman yapıldı?

Yapımının başlangıcına tanık olanlar sana "XII. yüzyılda" derlerdi, ama tamamlandığını görenler XIV. yüzyılda yaşıyorlardı. Bu gotik ve çok turistik katedrali kurmak için 200 yıl boyunca birbiri ardına on mimar çalıştı!

1174

Pisa Kulesi ne zamandır eğik?

Başlangıçtan beri! 14 tonluk bir anıt için şaşırtıcı bir şey değil bu. 1174'te yapılan kulenin XXI. yüzyıldan önce çökeceği söyleniyordu. Ama 1995'ten sonra, bir mucize oldu: Yorucu çalışmalar sonucunda, yeniden doğrultuldu!

1406-1420

Yasak Kent ne zaman kuruldu?

Bu Çin sarayının 9999 odasının tamamlanması 1406-1420 yılları arasında toplam 14 yıl sürdü. Saray 72 hektarlık, yani 100 futbol sahası büyüklüğünde bir alana yayılır. Orada yaşamış 24 imparator için gösterişli bir konut!

Jeanne d'Arc ne zaman yakıldı?

1431'de. O Fransa'yı İngilizlerin elinden kurtardı, savaş halindeki ülkeyi baştan başa kat etti, Kral VII. Charles'ın tahta geçmesini sağladı... Ama birtakım sesler duyduğu ve tüm bunları yapmak için erkek kılığına girdiği için suçlandı!

Machu Picchu ne zamandan kalma?

2430 metre yükseklikte bulunan bu eski İnka kenti 1911'de Peru'da bulundu. Ama piramit biçimindeki tapınakları 1440'a doğru yapıldığını gösteriyor. Bu da Kristof Kolomb'dan önce de Amerika'da insanlar olduğunu kanıtlıyor!

Pocahontas ne zaman yaşadı?

Bu küçük Kızılderili kız Disney filmlerinden çok önce yaşamıştı! Pocahontas 1596'da Amerika'da doğdu ve Kızılderililerle İngilizler arasında pazarlık aracı olarak kullanıldı. Sonuçta İngilizce öğrenip kabilesinden temelli ayrıldı!

Versailles Şatosu ne zaman yapıldı?

XIII. Louis onu 1624'te satın aldığında, küçük bir avcı köşküydü. Onu şatoya dönüştürmeye Güneş Kral XIV. Louis karar verdi: Çalışmalar 1661'de başladı ve tam 50 yıl sürdü!

1610–1673'e doğru

D'Artagnan ne zaman yaşadı?

1630'a doğru. Kont d'Artagnan Charles de Baltz silahşor olmaya karar verdi. Onun gibi silahşorlar yanlarında bir misket tüfeğiyle kralın hizmetinde çalışıyorlardı. Havalı bir tüfekti onlarınki, ama doğrusu o kolsuz üstlükleri ve tüylü şapkalarıyla de kullanışlı sayılmazdı!

Samuraylar ne zaman yaşadı?

Bu korkutucu savaşçılar Japonya'da 1192-1868 yılları arasında yedi yüzyıla yakın zaman hüküm sürdüler! Kılıçları ve onur anlayışları onları çok güçlü kılıyordu. Hiçbir şeyden korkmazlardı, tabii saçlarındaki topuzu kestirmekten başka!

Karasakal ne zaman yaşadı?

Gür kara sakalına ve saçlarının arasındaki top fitillerine karşın, o kadar da korkunç biri değildi: Limanları ablukaya alır, gemilere rampa eder, fidye alırdı almasına ama kimseyi öldürmemişti.

Beyaz Saray ne zaman yapıldı?

1792'de. Washington'da, Pennsylvania Caddesi 1600 numarada bulunan yapı ABD başkanlarının konutudur. Hem iş yeri, hem de eğlence alanıdır, çünkü içinde bir havuz, bir sinema, bir golf sahası, bir de bowling sahası vardır.

Marie-Antoinette'in başı ne zaman giyotinle kesildi?

16 Ekim 1793'te. Fransa'nın son kraliçesi idam sehpasında düşürdüğü ve bugün Normandiya'daki Caen Güzel Sanatlar Müzesi'nde sergilenen iskarpinin tersine, Devrim'den ve giyotinden kurtulamadı.

Son Fransa kralı ne zaman hüküm sürdü?

XVI. Louis ne Fransa'nın son kralıdır, ne de son "Louis"! Bu iki unvan da I. Louis-Philippe'e aittir. Ondan sonra, bir daha kral olmayacak, ama bir imparator, 24 de cumhurbaşkanı gelecektir.

Big Ben ne zamandan kalma?

Londra Kulesi'nin ünlü saati ilk kez 31 Mayıs 1859'da çaldı. 13,5 tonluk ağırlığıyla, sesi çepeçevre 6 kilometrelik bir alandan duyulur! Her 31 Aralık'ta, geceyarısı yeni yılın gelişini bildirmek için de çalar.

Orient-Express ne zamandan kalma?

Bu lüks tren ilk kez 1883'te Paris ile İstanbul'u birbirine bağlamak üzere hareket etti. 1918'de Birinci Dünya Savaşı'nı bitiren antlaşma, ayrıca 1940'ta Almanya ile Fransa arasındaki ateşkes antlaşması 2419 numaralı vagonda imzalandı.

Özgürlük Heykeli'ne ne zaman başlandı?

Heykeltıraş Auguste Bartholdi 1875'te bu iş için kolları sıvadı. Ama onu zamanında, 1886'da bitirebilmek için Eiffel Kulesi'nin yaratıcısı olarak tanıdığımız Gustave Eiffel'den yardım istemek zorunda kaldı. ABD'nin simgesi olan bu heykel yüzde yüz Fransız işidir!

Karındeşen Jack ne zamanlar ortalığı kırıp geçiriyordu?

Tam olarak bilmiyoruz... Çünkü onun kim olduğunu da tam olarak bilmiyoruz! 1888'de, İngiltere'de bir dizi cinayetle suçlandı, ama polis izine rastlayamadı. Kesin olan bir şey varsa, o da şimdiye dek öldüğüdür.

Eiffel Kulesi ne zaman yapıldı?

1887'yle 1889 arasında. Kimileri onu yıkmak istedi, ama Eiffel yaptığı kulenin birçok amaç için kullanılabileceği yanıtını verdi onlara. O dönemde 300 metrelik yüksekliğiyle Eiffel Kulesi hem yıldırımsavar, hem radyo anteni hem de meteoroloji istasyonu işlevi görüyordu. Ayrıca Paris'in simgesi haline gelmişti.

Son Çin İmparatoru ne zaman hüküm sürdü?

Pu-Yi Çin'de 1908'den (o sıra 2 yaşındaydı!) 1912'ye dek hüküm süren son imparatordu. Ondan sonra Çin'in bir daha imparatoru olmadı. Ama Pu-Yi imparatorluk sarayı Yasak Kent'te 15 yıl daha tutsak edildi.

1912

Titanic ne zaman battı?

1912'de, İngiltere'den ABD'ye yaptığı ilk yolculuğunda. Hikâyenin hazin sonunu herkes bilir: Bir buzdağına çarpıp içindeki yaklaşık 1500 kişiyle birlikte battı. Leonardo DiCaprio'nun filmiyse 1997'de çekildi.

1899–1947

Al Capone ne zaman yaşadı?

ABD'nin en ünlü gangsteri 1899'da New York'ta doğdu. Ama 1920'li yıllarda Chicago'da, içki satışının yasak olduğu dönemde içki satarak ünlenen Amerikan mafyasının babası, yaralı yüz "Scarface" oldu.

Tutankamon'un mezarı ne zaman bulundu?

1922'de. Firavun 30 yüzyılı aşkın bir süre huzur içinde yattıktan sonra, mumyası (ve hazinesi!) İngiliz Mısırbilimci Howard Carter'la burun buruna geldi!

Rio'daki Kurtarıcı İsa heykeli ne zamandan kalma?

Yapımına 1926 yılında, Brezilya'da, Rio de Janeiro'da, Corcovado Dağı'nda başlandı. Bu 1145 tonluk beton ve kaya yığınının yontulması 5 yıl sürdü. Ama 2014'te düşen bir yıldırım parmağının bir parçasını kırmaya yetti!

Dalay Lama ne zamandan beri Dalay Lama?

Beş yaşından beri! Budist önderler 1940'ta kendisinden önceki Dalay Lama'nın yerine atadılar onu, çünkü öncekinin reenkarnasyonu (aynı kişinin yeni bir bedende ortaya çıkması) olduğunu düşündüler. "Dalay Lama" "bilgelik okyanusu" demektir.

Lascaux Mağarası ne zaman bulundu?

1940'ta, orada bir tavşan yuvası bulduğunu sanan bir köpek tarafından! Duvarlara resmedilmiş atlar, bizonlar, geyikler ve yaban öküzleri yaklaşık 17.000 yaşında. Ama tavşan izine rastlanmıyor!

Anne Frank ne zaman yaşadı?

1929'da, Almanya'da doğan Anne Frank 15 yaşında öldü. Yaşamının büyük bölümünü Hollanda'da, Amsterdam'da gizli bir bölmede saklanarak geçirdi. Bu olayı 1944'teki tutuklanmasına dek tuttuğu günlüğünde anlatır.

Hitler ne zaman öldü?

30 Nisan 1945'te. Müttefiklere teslim olmak yerine, karısı Eva Braun'la birlikte intihar etti. İkinci Dünya Savaşı da bundan 8 gün sonra, 8 Mayıs 1945'te bitti. .

II. Elizabeth ne zaman İngiltere Kraliçesi oldu?

1952'de, 26 yaşında. Bugün doksan yaşında olan kraliçe, İngiltere tarihinde en uzun süre hüküm sürme rekorunu elinde bulunduruyor! Ayrıca Jamaika ve Bahamalar gibi başka 53 küçük devletin de kraliçesi.

Martin Luther King ne zaman öldürüldü?

4 Nisan 1968'de, onun Siyahlarla Beyazların eşit olması düşünü paylaşmayan bir ırkçı tarafından. Günümüzde, Martin Luther King'in doğum günü olan 15 Ocak ABD'de resmi tatildir.

Louvre Piramidi ne zaman yapıldı?

Louvre'dan çok daha yeni olan bu piramit 1988'de eklendi, yani müzenin açılmasından 195 yıl sonra! Cam eşkenar dörtgenlerini herkes beğenmeyebilir, ama müzede *Mona Lisa*'dan sonra en çok ziyaret edilen yapıt o.

Prenses Diana ne zaman öldü?

31 Ağustos 1997'de, Paris'te, Alma Köprüsü'nün altında, bir trafik kazasında. Artık Prens Charles'la evli değildi, ama herkes ona "Galler Prensesi", Lady Diana ya da Lady Di demeyi sürdürüyordu.

One World Trade Center ne zaman yapıldı?

2006'da, New York'ta, 11 Eylül 2001 saldırısında yıkılan ikiz kulelerin yerine. Bu kule 417 metre yüksekliğiyle (artı 124 metrelik anten) dünyanın 4. en yüksek kulesi. Ona aynı zamanda Freedom Tower da (Özgürlük Kulesi) deniyor.

Barack Obama ne zaman seçildi?

4 Kasım 2008'de. Obama ABD'nin 44. başkanı, Beyaz Saray'daki ilk siyahi başkan. 2012'de onun yeniden başkan seçildiğini anımsıyor musun?

Nelson Mandela ne zaman öldü?

2013'te. Güney Afrika'nın eski başkanı yaşamının 75 yılını Apartheid'la, yani Siyahlarla Beyazlar arasında ayrımcı politikayla mücadeleye adadı. Bu nedenle de, ömrünün 27 yılını hapiste geçirdi!

Franciscus ne zamandan beri papa?

13 Mart 2013'ten beri. Arjantin kökenli olan Franciscus'un gerçek adı Jorge Mario Bergoglio. Franciscus adı yoksulların koruyucu azizi Assisili Francesco'ya göndermedir.

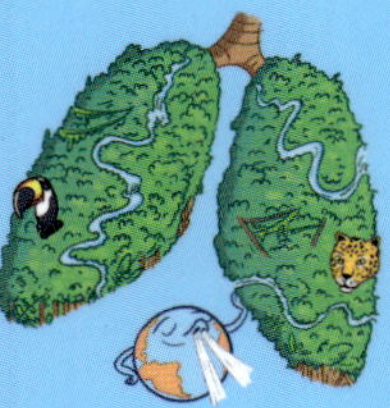

Tarih ve bilim

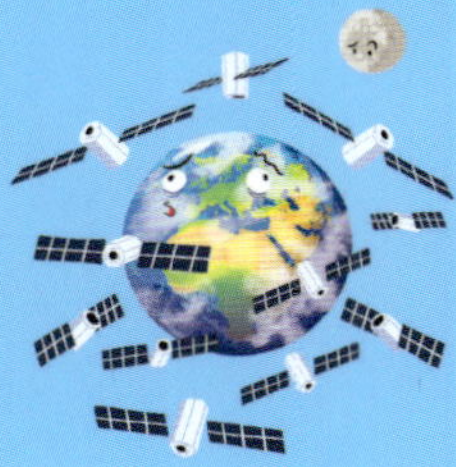

Çıkartmaları bulup yerlerine yapıştır!

MÖ.
3,8 milyar

Big Bang ne zaman oldu?

Kimi fizikçilere göre, büyük patlama bundan 13,8 milyar yıl önce oldu. Patlama Evren'in olduğu şeye neden dönüştüğünü açıklıyor açıklamasına ama ne zaman ve nasıl yaratıldığı açığa kavuşmuyor...

MÖ.
4,5 milyar

Dünya ne kadar zamandır var?

4,5 milyar yıldır, tıpkı Güneş ve Ay gibi. Önce çok sıcak, sonra dondurucu soğuk, sonra da kalabalık oldu: Keşfedildi, kirletildi, başlangıçtan bu yana çok değişti... Ama daha 500 milyon yılcık daha üstünde yaşamamıza izin verecek gibi.

MÖ.
3,8 milyar

Yaşam ne zaman başladı?

Bundan 3,8 milyar yıl önce, suyun altında! Her şey Güneş'le oksijenin birleşmesinden doğan bakterilerle başladı. Suyosunları, denizanaları, balıklar, sürüngenler, dinozorlar, maymunlar... İnsanın ortaya çıkması için milyonlarca yılın geçmesi gerekti.

MÖ.
400 milyon

İlk ağaç ne zaman bitti?

Bundan 400 milyon yıl önce. Onun adı *Archaeopteris*'ti, 40 metre yüksekliğinde bir tür dev palmiye! Köknarların ortaya çıkması için, yüzlerce milyon yıl Dünya'nın (daha da) soğumasını beklemek gerekti.

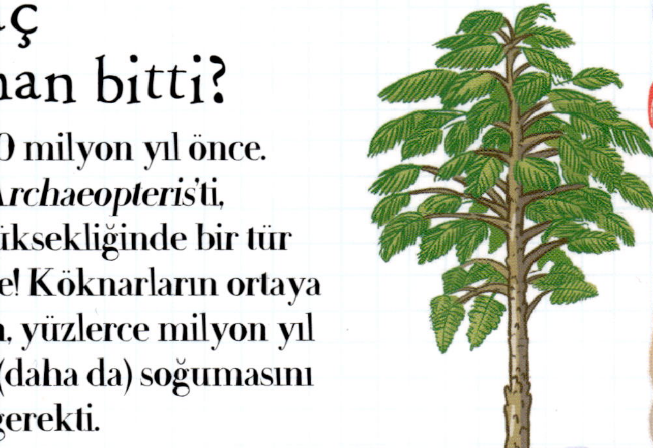

MÖ.
200 milyon

Kıtalar ne zaman oluştu?

Dinozorların yaşadığı dönemde, bundan 200 milyon yıl önce. Ondan önce, Yeryüzü tek bir kocaman süperkıtadan oluşuyordu: Pangea. Haritaya bir bak bakalım: Amerika kıyılarıyla Afrika kıyıları tam olarak birbirinin içine oturur!

MÖ.
65 milyon

Dinozorlar ne zaman yok oldu?

Bundan 65 milyon yıl önce, nedenini tam olarak bilemiyoruz. Bilim insanları kocaman bir gök taşının gezegenimize çarparak çok büyük bir depreme neden olduğunu düşünüyorlar. Dinozorlar yine de 150 milyon yılı aşkın bir süre burada hüküm sürmüşler!

MÖ.
50 milyon

Amazon Ormanları ne zamandan kalma?

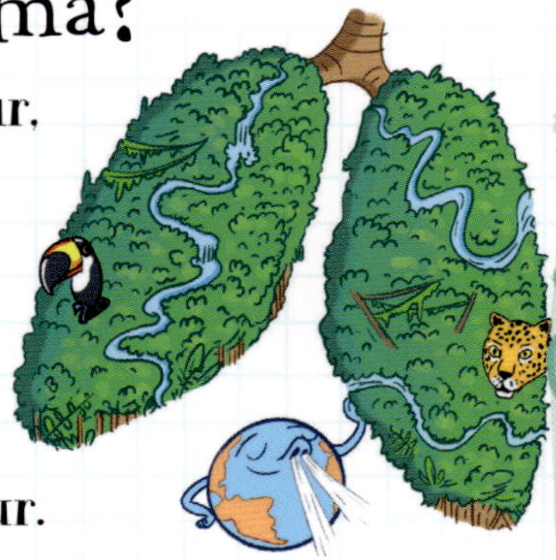

Amazonlar bakir ormanlardır, yani insan eliyle hiç değiştirilmemiştir. Bundan 50 milyon yıl önce, Dünya'nın ısısı azalıp tropikal türlerin yetişmesine olanak verdiğinde oluşmuştur. Ondan önce, yeryüzünde bir savanın olduğu düşünülüyor.

MÖ.
7 milyon

Büyük Kanyon ne zamandan kalma?

Bu derin vadiler ABD'de Colorado Irmağı tarafından bundan 7 milyon yıl önce açılmış. Bugün, kartalların, pumaların, vaşakların, aynı zamanda da turistlerin uğrağı.

MÖ.
2,8 milyon

İlk insan ne zaman ortaya çıktı?

Bundan 2,8 milyon yıl önce. Aletlerini kendi üretiyordu, ama bize hiç benzemiyordu: Daha ayakta durmayı, ateşi kullanmayı, konuşmayı öğrenmesi gerekiyordu. Üstelik kılları da dökülecekti!

MÖ.
2,8 milyon

Tarihöncesi ne zaman başlar, ne zaman biter?

İlk insanların Dünya üstünde bundan 2,8 milyon yıl önce ortaya çıkışıyla başlayıp, bundan 5300 yıl önce (MÖ. 3300) yazının bulunmasıyla biter. Ondan sonra Antikçağ başlar.

MÖ.450.000

İnsanlar ne zamandan beri ateş yakmayı biliyorlar?

Yaklaşık 450.000 yıldır. Bu da her şeyi değiştirmiş: İnsan yiyeceklerini pişirebilmiş, kimi mikropları öldürmüş, aletlerini bilemiş, ısınmış, tehlikeli hayvanları uzaklaştırmış... Böylesi, yangın çıkmasını beklemekten daha kolay!

MÖ. 75.000

İnsanın kılları ne zaman döküldü?

MÖ. 100.000 ile MÖ. 40.000 arasında. İnsan giyinmeye ve terlemeye başladı: Teri vücuttan atmak için kollar, bacaklar ve cinsel organlar dışında kıllara gerek kalmamıştı, yine de yaklaşık 5 milyon kıl kaldı!

MÖ. 15.000

Hayvanlar ilk kez ne zaman insanlara alıştı?

MÖ. 15.000'e doğru. İnsana alışan ilk hayvan da kurttu! İnsan mamut kalıntılarını onunla paylaşmaya başladı. Sonra annelerinin bıraktığı kurt yavrularını yanına aldı, kurtlar da köpeklere dönüştüler!

MÖ. 12.000

Mamutlar ne zaman yok oldu?

Bundan yaklaşık 12.000 yıl önce. 8 santimetrelik yağları ve bir metre uzunluğundaki kıllarıyla, Dünya'nın ısınmasına dayanamadılar. İnsan da binlerce yıl boyunca onları avlayarak bu işe biraz zemin hazırlamıştı.

MÖ. 11.500–10.500

Son Buzul Dönemi ne zaman oldu?

Buzul dönemleri her 100.000 yılda bir oluyor, bir sonrakine daha var. Ama aynı zamanda daha kısa "mini buzul dönemleri" de var: Bilim insanları bu konuda 2030 yılından söz ediyorlar!

MÖ. 11.000

Tarım ne zaman başladı?

Bundan 11.000 yıl önce. Buğday, arpa taneleri, mercimekler ve nohutlar insanların besin toplamak için bir yerlere gitmeye gerek duymadan, daha besleyici yemekler yapmasını sağladı. Böylece hayvanları da besleyip yetiştirmeye başladılar.

MÖ.9000

Büyük Mercan Resifi ne zamandan kalma?

Avustralya açıklarındaki bu tuhaf, canlı resif yaklaşık 9000 yaşında! Bunda şaşılacak bir şey yok, çünkü mercan tarihöncesinden kalma bir hayvandır. Ama bir yandan da sıcaktan ve çevre kirliliğinden etkilenen hassas bir hayvan.

MÖ.9550

Dünya üstündeki en yaşlı ağaç ne zamandan kalma?

O ağaç bundan 9550 yıl önce dikilmiş! Boyu 40 metre, dev bir Noel ağacını andırıyor ama biraz zayıf. Ağaç İsveç'te, adına "Old Tjikko" diyorlar.

Dolmenler-menhirler ne zamandan kalma?

Bu dev gibi taşları insanlar MÖ. 4500 yılına doğru yontmuşlar: En büyüklerinin ağırlığı 100 ton, boylarıysa neredeyse 10 metreyi buluyor! Bunlardan Bretagne'da, İngiltere'de ya da Portekiz'de görebilirsin.

Yazı ne zaman bulundu?

Bundan 5300 yıl önce, Mezopotamya'da. Yazıyı hesap tutmak için tüccarlar buldu: Belleklerinde tutamıyorlardı artık. Önce kilden tabletler üstün yazdılar: İşte ilk "tabletler" bunlardı!

MÖ. 800-52

Demir Çağı ne zamandı?

Taş Devri'yle Tunç Çağı'ndan sonra, MÖ. 800'e doğru. Demir Çağı adından da anlaşıldığı gibi, insanın demiri bulduğu dönemi tanımlar. Demir silah yapımında, aynı zamanda bilezik ve kapkacak yapımında kullanıldı.

MÖ. 3300- MS. 476

Antikçağ ne zaman başlayıp, ne zaman biter?

Bundan 5300 yıl önce yazının bulunmasıyla başlayıp, MS. V. yüzyılda (476) Roma İmparatorluğu'nun çöküşüyle sona erer. Tarihöncesi sona ermişti: Artık "Tarih" başlamıştı. Ondan sonra, Ortaçağ gelir

Ortaçağ ne zaman başlayıp, ne zaman biter?

Yaklaşık 1000 yıl sürer. Roma İmparatorluğu'nun 476'daki çöküşüyle başlayıp, 1453'te İstanbul'un fethiyle sona erer. Ondan sonra, Rönesans gelir.

Yüzyıl Savaşı ne zaman oldu?

1337'de başlayıp, 1453'te bitti: Demek ki tam 116 yıl sürdü! İngilizlerle Fransızlar arada yalnızca birkaç yıl barış içinde yaşamışlardı. Sonuçta, savaşı Fransızlar kazandı.

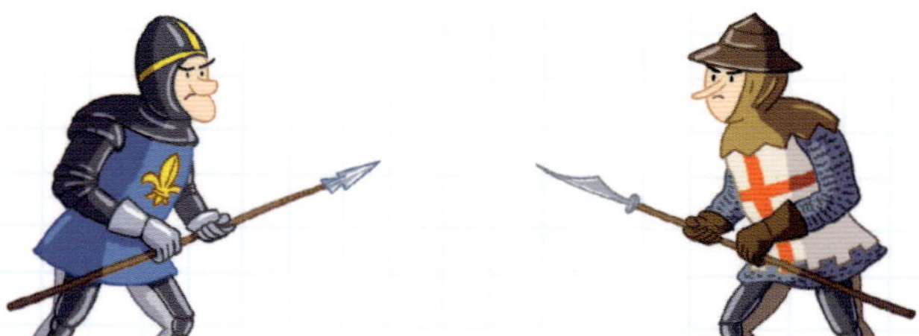

1346-1352

Kara Veba ne zaman oldu?

1340'ta Çin'den yola çıkıp, İtalya, Fransa ve İngiltere'ye yayıldı bu hastalık. 5 yılda 25 milyon insanın ölmesine neden oldu! Bunun tek nedeni de bir ülkeden ötekine gemilerde yolculuk eden sıçanların bulaştırdığı bir bakteriydi.

1453-1610

Rönesans ne zaman başlayıp, ne zaman biter?

Ortaçağ'ın ardından gelir ve 1453'te İstanbul'un fethiyle başlar. Michelangelo, Leonardo da Vinci, Kristof Kolomb, Marco Polo, Copernicus, Galileo Rönesans'ta yaşamıştır. Rönesans XVII. yüzyılın başında, 1610'da biter.

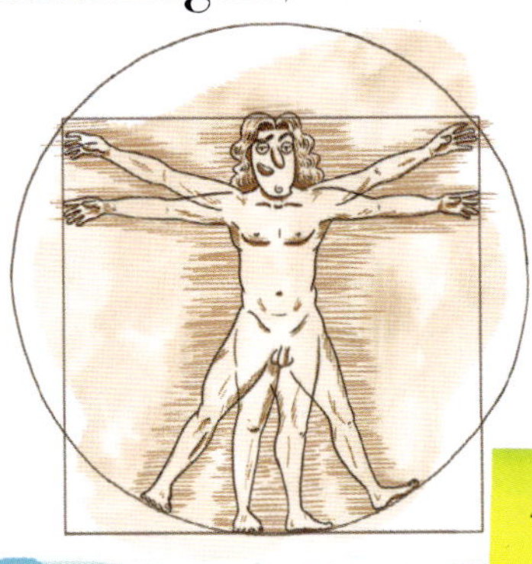

1492

Kristof Kolomb Amerika'yı ne zaman keşfetti?

1492'de. Ama Hindistan'a geldiğini sanıyordu. Bir başka İtalyan denizci, Amerigo Vespucci bu durumdan yararlanıp, kısa bir süre sonra ismini Amerika'ya verdi: Açıkgözmüş doğrusu!!

1556

Dünya üstündeki en büyük deprem ne zaman oldu?

23 Ocak 1556'da, Çin'de, Şensi eyaletinde. Yer 1960'ta, Valdivia'da (Şili) daha büyük bir şiddetle sarsıldı. Ama Şensi depremi 830.000 kişinin ölmesine neden olduğu için hâlâ tarihteki en ölümcül deprem kabul edilir!

1715-1789

Aydınlanma Çağı ne zaman başlayıp, ne zaman biter?

Güneş Kral'ın (XIV. Louis) 1715'teki ölümüyle başlayıp, 1789'daki Fransız Devrimi'yle biter. Voltaire gibi felsefeciler dünyayı düşünceleriyle aydınlatmışlardır!

1774

Antarktika ne zaman keşfedildi?

XVIII. yüzyıla dek, bilim insanları orasının Dünya'nın en sıcak yeri olduğunu düşünüyordu: Bu da gayet mantıklıydı, çünkü orası en güneydeydi! Ama 1774'te, denizci James Cook aslında Antarktika'nın en soğuk, dolayısıyla en ıssız yer olduğunu keşfetti.

1848

Kölelik ne zaman ortadan kalktı?

Kölelik Antikçağ'dan beri var. Julius Caesar'ın kadırgalarını düşün: Kendi kendilerine gitmiyorlardı ya! Sonra, kölelik Siyahi insan ticaretine dönüştü: Fransa'da 1848'de, ABD'de 1865'te, Pakistan'daysa ancak 1992'de sona erdi!

1850

Küresel ısınma ne zaman başladı?

Dünyada her zaman soğuk ve sıcak dönemler yaşanmıştır. Ama 1850'den beri, dünya fazla ısındı: Isısı 0,85 °C arttı. Çok fazla değil mi? Ateşin çıktığı zaman olduğu gibi aslında: 37 °C iken sorun yoktur, ama 38 °C oldu mu, hastasındır!

Einstein'ın kuramının tarihi ne?

Alman bilim adamı görelilik kuramını 1905'te buldu. Formülü çok kolaydı: $E = mc^2$! Bu formül atom bombasının yapılmasını sağladı, oysa Einstein savaşa karşıydı: Pes!

Kuzey Kutbu ne zaman keşfedildi?

1909'da. Amerikalı Robert Peary bunu başarmadan önce 8 kez denemişti. Ama yere ilk adımını atan kişi arkadaşı Matthew Henson oldu.

1911

Güney Kutbu ne zaman keşfedildi?

1911'de. Norveçli Roald Amundsen yarıştığı İngiliz Robert Scott'tan bir ay önce vardı oraya. Amundsen açıkyüreklilikle ona kısa bir not bıraktı: *"En iyi dileklerimle, dönüş yolculuğunuzun iyi geçmesini umarım!"*

1913

Dünyada hava en sıcak ne zaman oldu?

Dünya üstünde şimdiye dek kaydedilen en büyük sıcaklık 1913'te, ABD'de, Furnace Creek kentinde yaşanmıştır: 57 °C'den fazla bir ısı! Kent Ölüm Vadisi Ulusal Parkı'nın bir parçasıdır: Cuk oturan bir ad, öyle değil mi?

Birinci Dünya Savaşı ne zaman başladı?

28 Temmuz 1914'te. Avusturya-Macaristan İmparatorluğu'nun veliahdı bir Sırp tarafından öldürüldü. Almanya Avusturya'yı destekledi, Fransa ise Sırbistan'ı. Savaş dünya çapına yayıldı.

1935

Richter Ölçeği ne zaman bulundu?

Bu ölçek Amerikalı bir bilim insanının, Charles Francis Richter'in adını taşır ve depremleri 1'den (küçük şiddetli deprem) 10'a (çepeçevre 1000 kilometreyi aşkın bir alanda hissedilen deprem) dek şiddetlerine göre sınıflandırmaya yarar.

1933–1945

Shoah ne zaman oldu?

Shoah İbranice "felaket" anlamına gelir ve Nazilerin İkinci Dünya Savaşı sırasında Yahudileri yok etmesini tanımlar. Aslında, 1933'ten sonra, Hitler'in iktidara gelmesiyle başlar ve 1945'te, savaşın bitişiyle sona erdi.

1945

Atom bombası ne zaman icat edildi?

1945'te. Bir çölde denendikten sonra, İkinci Dünya Savaşı'nı sona erdirmek için iki Japon kentine atıldı: Hiroşima'yla Nagazaki'ye. Neyse ki o tarihten beri bir daha kullanılmadı.

1961

Uzaya ilk kez ne zaman gidildi?

12 Nisan 1961'de.
Bu görev için Rus kozmonot Yuri Gagarin seçildi. Boyu 1,58 metreydi: Uzay kapsülüne sığmak için biçilmiş kaftan!

1969

Ay'a ilk kez ne zaman gidildi?

21 Temmuz 1969'da.
Saat dokuzu on yedi geçe, Amerikalı astronot Neil Armstrong 4 günlük bir yolculuğun ardından Ay'a ayak basıp: *"İnsan için küçük, insanlık için çok büyük bir adım"* dedi. 1972'den beri Ay'a bir daha giden olmadı.

1983

AIDS virüsü ne zaman keşfedildi?

1983'te. Bu virüsün adı HIV'dir (insan bağışıklık yetmezliği virüsü) ve 2005'e dek korkunç bir biçimde yayılmıştır. Bugün, hastalığın tedavisinde gelişme sağlandıysa da, AIDS'e hâlâ çare bulunamamıştır.

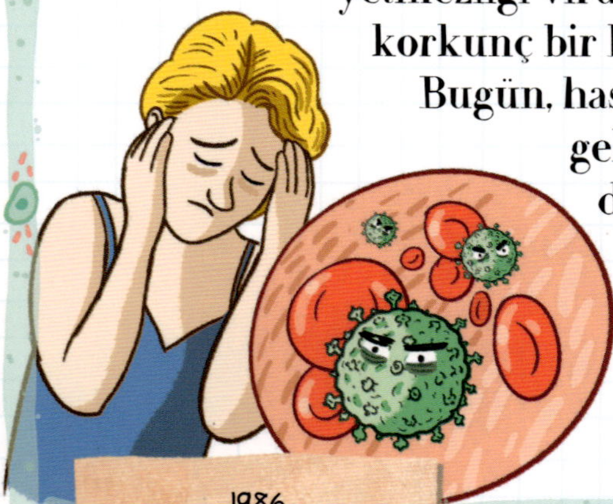

1986

Çernobil faciası ne zaman oldu?

26 Nisan 1986'da. Çernobil'de bir nükleer santral patlayıp, havaya atom bombasından 400 kat daha fazla radyoaktif parçacık saldı. 4000 kişi öldü, daha fazla sayıda pek çok insan da kansere yakalandı.

Dünya'da en soğuk gün ne zaman oldu?

En düşük ısı rekoru 13 Ağustos 2010 tarihinde – 93,2 °C'yle Antarktika'ya ait. Evet, evet, üstelik Ağustos ayında! Ama hava sıcaklığını artıran insanoğlu daha var olmadan önce çok daha soğuk günler yaşanmış olmalı!

Fukuşima faciası ne zaman oldu?

Mart 2011'de. Önce bir deprem oldu, onu da bir tsunami izledi ve nükleer santralde bir sızıntı meydana geldi. Bu doğal ve nükleer felaket Japonya'da yaklaşık 25.000 kişinin ölümüne yol açtı.

2015

Etna Yanardağı en son ne zaman patladı?

Avrupa'nın en yüksek yanardağı Şubat 2015'te uyandı. Sicilya'da, Catania yakınlarında bulunan yanardağın patlamasında ölen olmadı: Oralarda yaşayanlar bölgeyi boşaltmışlardı. İnsanlar yalnızca kışları Etna Yanardağı'nın karlı yamaçlarında kayak yapmaya geliyorlar!

2025

Filler ne zaman yok olacak?

Önlem alınmazsa 2025'e doğru! Bu kalın derili memeli hayvanlar savanda tek başlarına her şeyin üstesinden gelebilirler ancak dişlerini satmak için onları öldüren kaçak avcıların silahlarına karşı bir şey yapamazlar.

2030

Mars'a ne zaman gidebileceğiz?

2030'dan önce değil. Curiosity adlı robot 2012'de kızıl gezegene indi, ama insanoğlu için işler daha karmaşık: Yolculuk 3-6 ay sürüyor, rüzgâr şiddetli, basınç çok yüksek... Bir de epey para gerekiyor!

2050

Buzla (bankiz) ne zaman yok olacak?

Bilim insanlarına göre, küresel ısınma yüzünden yarı yarıya eridi bile. Değişen bir şey olmazsa, 2050'de yok olacak. O zaman Kuzey Kutbu'na gemiyle gidebileceğiz, ama birtakım toprakların da sular altında kaldığına tanık olacağız!

2060

Bir sonraki tutulma ne zaman olacak?

Türkiye'den görülebilecek bir sonraki tam güneş tutulması 30 Nisan... 2060'ta olacak! Ama o kadar sabredemeyecek olanlar, 2026'da İspanya'ya gidip tam güneş tutulması izleyebilirler

4,5 milyar yıl içinde

Güneş ne zaman sönecek?

Bilim insanları onun ömrünün aşağı yukarı yarısında olduğunu, dolayısıyla 4,5 milyar yıl içinde sönebileceğini düşünüyorlar. Güneş o zaman tüm yakıtını –hidrojenini– tüketecek ve dev bir kırmızı yıldıza dönüşecek.

Kültür ve spor

Çıkartmaları bulup yerlerine yapıştır!

MÖ. 3300

İlk kitap ne zaman yazıldı?

Yazının bulunmasından hemen sonra, MÖ. 3300'e doğru. 40 metre uzunluğundaki bir papirüs rulosuydu bu kitap: Okumak için çok da elverişli değildi yani! Parşömen ise sayfaların ortaya çıkmasını sağladı. Ama basılı ilk gerçek kitap 1453'te çıkan *İncil*'dir.

MÖ. 776

İlk Olimpiyat Oyunları ne zaman oldu?

MÖ. 776'da, Yunanistan'da, Olympia'da. Site kralları atletlerinin karşılaşmalarını izlemek için ateşkes yapmaya karar verdiler. Sonra oyunlar yasaklandı, derken 1896'da, Pierre de Coubert'in sayesinde yeniden ortaya çıktı.

Odysseus'un serüvenleri ne zaman yaşandı?

Odysseus bir Yunan mitolojisi kahramanıdır: Asla yaşamamıştır. Serüvenleri MÖ. VIII. yüzyılda Yunan ozan Homeros'un yazdığı *Odysseia*'da anlatılır. 20 yıl sürmüş uzun bir yolculukta yaşanır bu serüvenler!

MÖ. 100

Milo Venüs'ü ne zaman yontuldu?

MÖ. 100'e doğru, ama ancak 1820'de Yunanistan'da, Milo Adası'nda bulundu, adı da buradan geliyor. Onu kimin yonttuğu bilinmiyor, kollarına ne olduğu da! Milo Venüsü'nü Paris'teki Louvre Müzesi'nde görebilirsin.

Binbir Gece Masalları ne zamandan kalma?

Kesin bir şey söylemek olanaksız! Bunlar Hindistan'dan Mısır'a, İran'dan Irak'a, kulaktan kulağa yayılan masallar... Herkesin çorbada tuzu var. Bizim okuduğumuz versiyon XIII. yüzyıldan kalma.

Satranç ne zaman icat edildi?

VI. yüzyılda, Hindistan'da, bir savaş oyunu olarak! Araplar yeni kurallar belirlediler, sonra Fransa kralları da XI. yüzyıla doğru oyunu kendi zevklerine uyarladılar: Vezirler onlarda kraliçe oldu, filler soytarı vb.

1500'e doğru

Tenis ne zaman ortaya çıktı?

Uzun hikâye! Bu oyun Fransa'da *jeu* de *paume*'la başladı. 1415'e doğru, toplar ve raketlerle birlikte İngiltere'ye geldi. İngiliz aksanı da işin gerisini halletti: Fransızca töne diye okunan "*Tenez*!" (Yakalayın!) sözcüğü 1870'e doğru "tenis"e dönüştü!

1503–1506

Mona Lisa ne zaman yapıldı?

1503-1506 yılları arasında: Onu tamamlaması Leonardo da Vinci'nin 4 yılını aldı! Oysa resmin boyu 1 metreyi bile bulmuyordu. 1804'ten beri Louvre Müzesi'nde sergilenen bu resim dünyada en çok ziyaret edilen sanat yapıtı.

Opera ne zamandan kalma?

İtalyan besteci Monteverdi Rönesans'ın "gürültü patırtı"sından bıkmıştı: 1607'de, ilk opera olan *Orfeo*'yu yazdı. Mozart, Offenbach, Verdi ve daha niceleri onun izinden gitti. Ama en tanınmış arya bir Fransız aryasıdır: Georges Bizet'nin *Carmen*'inindeki ünlü "Toréador".

Klasik dans ne zaman yaratıldı?

1661'de, Versailles'da ilk dans akademisini bir dans hayranı olan XIV. Louis açtı. İlk dansçılar erkekti: Giysilerin altında sepet biçimindeki içetekler ve dev gibi peruklarla dans etmek kolay değildi!

1668–1694

La Fontaine Masalları ne zaman yazıldı?

XVII. yüzyılın sonunda, 1668-1694 yılları arasında. Sana uzun gelebilir, ama bu masallardan 243 tane var! Bunlar kimin için yazıldı biliyor musun? XIV. Louis'nin o zaman 6 yaşında olan oğlu Dauphin için.

1697

Kırmızı Şapkalı Kız ne zaman yazıldı?

Ortaçağ'da bile uyutmak için çocuklara bu masalı anlatıyorlardı. Yazılı olmadığı için, herkes onu kendince anlatıyordu: Kırmızı şapkalının oğlan olduğu bir yorum bile var! Masalın en bilinen biçimiyse Charles Perrault'nun 1697'de yazdığı.

1760

Mozart ne zaman müzikle uğraşmaya başladı?

1760'ta: O zaman 4 yaşındaydı. Önce klavsen, sonra keman, org, besteler ve 11 yaşında ilk opera. Dâhi miydi? Hiç kuşkusuz. Mozart aynı zamanda çok başarılı bir müzik öğretmeninin oğluydu.

XVIII. yüzyıl

Domino ne zamandan beri oynanıyor?

Domino, Avrupa'da XVIII. yüzyıl'da oynanmaya başladı, ama bu oyunu ilk kez XIII. yüzyılda Çinliler buldu. O zaman kemikten taşlarla oynuyorlarmış ve her parti çok daha uzun sürüyormuş.

1793

Louvre Müzesi ne zamandan kalma?

Louvre 1793'te, Fransız Devrimi sırasında açıldı. Artık kral yoktu, dolayısıyla Paris'te bir şatoya da gerek kalmamıştı. Peki o zaman yüzyıllardır orada biriktirilen tonlarca sanat yapıtı ne olacaktı? Bir müze gerekiyordu kuşkusuz: Dünyadaki en büyük müzelerden biri!

1823

Ragbi ne zaman yaratıldı?

1823'te, İngiltere'de bir Rugby Koleji öğrencisi bir futbol maçı sırasında topu eline alınca! Ama All Black takımının her maçtan önce söylediği korkutucu savaş şarkısı *haka*'yı o bulmadı!

1835

Madame Tussauds Müzesi ne zamandan kalma?

Marie Tussaud onu 1835'te balmumu heykellerini sergilemek için açtı. Voltaire, Rousseau ve Robespierre'e sonradan Justin Bieber, Shrek ve Beyonce eşlik etti. Bu heykelleri Londra'da, ayrıca Berlin'de, Amsterdam'da, Kopenhag'da vb. görebilirsin.

1863

Futbol ne zaman ortaya çıktı?

1863'te. Çinliler ve Yunanlar çok daha önce top oynuyorlardı, ama kuralları yoktu. Kuralları koyanlar da Brezilyalılar ya da Kamerunlular değil, İngilizler oldu.

1865

İlk boks maçı ne zaman yapıldı?

Söylemesi güç, çünkü boks çok eski zamanlardan beri var: Yunanlar yumruk dövüşü yapıyorlar, Mısırlılar da göğüs göğüse dövüşüyorlardı... Gerçek kurallarla yapılan ilk maç 1865'te oldu: Boksörlerin eldiven takması gerekiyordu!

1868

Ne zamandır kayak yapılıyor?

1868'de, bir Norveçlinin aklına ayağı tutması için ahşap levhalar takma fikri geleli beri. Tarihöncesi zamanlarda yaşayan insanlar da avlanmak için kayak yapıyorlardı, ama onların popo üstü düşme olasılıkları çok daha fazlaydı!

1881

Sansür ne zaman kaldırıldı?

Sansür sanatçılarla entelektüellerin kendilerini özgürce ifade etmelerine engel olan bir önlemdir. Fransa'da, 1881'de kaldırıldı. Ama örneğin Çin'de, Arap ülkelerinde ya da Rusya'da hâlâ fazlasıyla var.

1882

Judo ne zaman ortaya çıktı?

1882'de, bedenin, özellikle kafanın çok esnek olmasıyla da insanın çok güçlü olabileceğini göstermek isteyen bir Japon, Jigoro Kano tarafından. Japoncada, "judo" "esnekliğin yolu" anlamına gelir.

1887

Sherlock Holmes'ün serüvenleri ne zaman başladı?

1887'de. Yazarı Doktor Arthur Conan Doyle muayenehanesine müşteri gelmediğinden yazmaya başladı. Kahramanlarını yaratırken tıp öğretmeninden esinlendi: Basit düşün Watson'cığım!

1889

Picasso ilk tablosunu ne zaman yaptı?

1889'da, 8 yaşındayken. Orada başında büyük bir şapka olan sarı giysili bir atlıyı betimledi, bu resim her zaman kendisinin en sevdiği resmi oldu. Kendini küçük görme sakın: Picasso'nun babası resim öğretmeniydi.

1895

Sinema ne zamandan kalma?

Salonda perdeye yansıtılan ilk film bir Fransız filmiydi: Yıl 1895'ti. Bir trenin gara girişini gösteriyor ve 50 saniye sürüyordu, ne renk vardı ne de ses. Ama heyecan yaratmaya yetmiş de artmıştı bile: İzleyiciler trenin perdeden fırlayacağını sandılar!

1895

İlk çizgi roman ne zaman yayımlandı?

1895'te, bir Amerikan gazetesinde. Ama yaratıcısı Alman çizer Rudolph Dirks'ti. Konuşma balonları ilk kez ortaya çıkmıştı.

Nobel Ödülü ne zaman verilmeye başlandı?

1901'de. İsveçli kimyacı Alfred Nobel kendisini "insan öldüren" dinamiti yaratmakla suçlayanlar yüzünden çok acı çekti. Tüm parasını bu ödüle bırakmaya karar verdi. Ödül insanlığa iyilik eden kişilere verilecekti.

İlk "Tour de France" ne zaman gerçekleşti?

Temmuz 1903'te, hemen hemen hepsi Fransız olan 59 koşucu 2428 kilometre kat etmek üzere koşmaya başladı. Bugün, dünyanın dört bir köşesinden gelen 200'ü aşkın bisikletçi yaklaşık 3500 kilometre boyunca pedal çeviriyor! Birinci gelenin giydiği sarı mayoysa 1919'dan beri var.

1906

İlk çizgi filmin tarihi ne?

1906. Siyah-beyazdı ve üç dakika boyunca tebeşirle çizilmiş karakterlerin yanı sıra çizerin elini gösteriyordu!
% 100 bilgisayarla yapılan ilk animasyon filmi *Toy Story*'yle hiç ilgisi yoktu.

1926

Televizyon ne zaman icat edildi?

1926'da, İskoçyalı John Baird tarafından. Ama hepimizin kanepe karşısına geçmesi yaklaşık 50 yıl sürdü! Dedenlerin zamanında her evde televizyon yoktu, olanlar da siyah-beyazdı!

1928

Roland-Garros Stadı ne zaman yapıldı?

1928'de, Davis Kupası'nı Paris'te ağırlamak için. Stada Birinci Dünya Savaşı'nda ölen havacı Roland Garros'un adı verildi. Oysa, Roland Garros bisiklete binmiş, futbol ve ragbi oynamıştı ama tenis oynamamıştı!

1928

Mickey Mouse® ne zaman doğdu?

1928'de: Senin büyük büyükbaban yaşında neredeyse. Yaratıcısı Amerikalı Walt Disney ona Mortimer adını vermek istemiş. Ama karısı "Mickey" adının bir çizgi roman için daha sevimli olduğunu düşünmüş.

Tenten'in® serüvenleri ne zaman başladı?

1929'da, bir Belçika gazetesinde. Başlangıçta, çizeri Hergé haftada iki sayfa çiziyordu. Sonra sayfalar birleştirilip bir albüm hazırlandı: *Tenten Sovyetler'de*. 24 albüm arasından, yalnızca bu macera siyah-beyazdır.

Futbolda ilk Dünya Kupası ne zaman oldu?

1930'da, Uruguay'ın Montevideo kentinde. Yalnızca 13 ülke karşılaştı, ev sahibi Uruguay kupayı kazandı. O zamandan beri, İkinci Dünya Savaşı dışında, her 4 yılda bir düzenleniyor.

1940'lı yıllar

Süper kahramanlar ne zaman yaratıldı?

1940'lı yıllarda! Superman, Batman, Catwoman vb: Bunların hepsi Amerikan çizgi roman kahramanları. Spiderman ise çok daha genç: 55 yaşında!

1937

İlk Disney filminin tarihi ne?

1935'te, Walt Disney çocukken okuduğu –bir kraliçenin, bir büyücünün ve cücelerin olduğu– bir öyküyü anımsadı. Bu elbette Grimm Kardeşler'in yazdığı *Pamuk Prenses ve Yedi Cüceler*'di, filmi ise 1937'de çıktı.

1943

Küçük Prens ne zaman yazıldı?

Küçük Prens'i insanların şiddetinden bıkan Fransız pilot Antoine de Saint-Exupéry İkinci Dünya Savaşı'nın ortasında yazdı. Çizgi romanı 2008'de çıktı. Filmiyse 2015'te.

1949

Noddy ne zaman yaratıldı®?

Noddy'nin yaşı 60'ı geçti! 1949'da, İngiliz yazar Enid Blyton tarafından yaratılan karakter Noddy'nin adı İngilizce "evet diyen kişi" anlamına gelir.

1950'li yıllar

Mangalar ne zamandan beri okunuyor?

Disney hayranı bir Japon öğrenci derslerde bu kahramanları 1950'ye doğru çiziktirdiğinden beri. Kahramanlar serilere, seriler çizgi filmlere dönüştü. İstersen Astro'ya (küçük robot) yakından bak: Gözleri Bambi'ninkilerin tıpkısı!

1954

Rock and roll ne zaman başladı?

İlk şarkı 1954'te çıktı, adı da *Rock around the Clock*'tı. Siyahların Gospel gibi müzikleriyle Beyazların Country gibi müziklerinin karışımıydı bu müzik türü. Onu yaratan da Beatles değil, Bill Haley'di.

1954–1956

Yüzüklerin Efendisi ne zaman yayımlandı?

Yazarı J.R.R. Tolkien tek bir kitap yazmayı düşünüyordu, ama savaş yüzünden kâğıt çok pahalı olmuştu. Dolayısıyla, öykü üç bölüm halinde çıktı: *Yüzük Kardeşliği, İki Kule* ve *Kralın Dönüşü*..

1957

"Schtroumpf" sözcüğü ne zaman uyduruldu?

1957'de, bizde *Şirinler* adıyla bilinen çizgi romanın yaratıcısı Peyo, aklına "tuzluk" sözcüğü gelmeyince, yanında oturana: "*Schtroumpf*'u uzatır mısın?" dedi. İlk albüm 6 yıl sonra çıktı!

1950'li yılların ortası

Pop Art ne zaman yaratıldı?

1950'li yılların ortasında. Andy Warhol gibi sanatçılar gündelik yaşamdan nesnelerin (örneğin bir çorba konservesi) resmini yapmaya, sabun köpüğü gibi pop diye patlayan canlı renkler kullanmaya başladı!

1960'lı yıllar

Hippiler ne zaman yaşadı?

1960'lı yıllarda. Kendi anne babalarının kuşağından bütünüyle kopmaya karar veren bu gençler bol giysiler ve çiçekli gömlekler giyiyorlardı. "*Peace and love*" (Barış ve Sevgi) sloganlarıyla da savaşa karşı çıkıyorlardı.

1962

İlk video oyunu ne zaman ortaya çıktı?

1962'de. Adı *Spacewar!*'du ve bir uzay gemisinden roketleri yok etmeye dayanıyordu. Ama bilgisayarlar o zamanlar çok pahalıydı ve oyun tutmadı. *Pac-Man'in* daha çok şansı oldu...

1970

Tonton Ailesi ne zamandan kalma ?

Çocuklar için yaratılan bu aile önce Fransa'da kitaplarda, sonra da 1973'te televizyonda görüldü. Ailenin özgün adı Barbapapa® sokakta yenen *barbe à papa*'dan (pamuk şeker) gelir.

1977

Star Wars'un® ilk bölümü ne zaman gösterime girdi?

1977'de. *İmparator* ve *Jedi'ın Dönüşü*'yle birlikte bir üçleme oluşturur. Ama 1999'da, birden 1. bölüm filmin 4. bölümü olarak çekilir, çünkü yeni bir üçleme düşünülmektedir, bu kez ilk maceranın 32 yıl öncesi anlatılmaktadır! (İş burada da kalmadı!)

1980'li yıllar

Rap müziği ne zaman ortaya çıktı?

Yoksulluğu, ırkçılığı ya da adaletsizliği eleştirmek için, Amerika'da siyahların yaşadığı gettolarda başladı. Ama rap aynı zamanda şiirsel de olabilir, örneğin MC Solaar'ın yaptığı rap.

1980

Harry Potter® ne zaman doğdu?

Resmi doğum tarihi 31 Temmuz 1980, tıpkı 15 yaş farkla yaratıcısı J. K. Rowling'inki gibi! Ama ilk kitap 1997'de, ilk filmse 2001'de çıktı.

1982

İlk CD ne zaman basıldı?

1982'de. Bir saatten biraz daha uzun süren bir Beethoven senfonisiydi bu CD: 74 dakika sürüyordu. Üreticiler diskin boyutunu senfoninin sığabileceği kadar yaptılar. Ondan beri, CD'ler hep 74 dakikalık müzik için 12 cm çapında üretiliyor!

1995

Stade de France ne zaman yapıldı?

1995'te, Dünya Kupası'nı ağırlayamayacak kadar küçük olan Parc des Princes'in yerine. Ama Stade de France'ın 81.338 kişilik izleyicisi her zaman futbol meraklılarından oluşmuyor: Şimdiye dek Justin Timberlake, Lady Gaga ve Indochine orada şarkılar söyledi!

2009

3 boyutlu sinema ne zaman başladı?

Stüdyolar denemelere 1950'den sonra başladılar, ama ilk 3 boyutlu film olan James Cameron'ın *Avatar*'ı 2009'da gösterime girdi. Yine de hiçbir şeyi kaçırmamak için kullanman gereken bir şey var: Özel bir gözlük!

Çıkartmaları bulup yerlerine yapıştır!

İnsanlar ne zamandan beri giysi giyiyor?

Kılları döküleli beri! Atalarımız da soğuktan korunmak için hayvan postu giyiyorlarmış. MÖ. 10.000'e doğru, işlenmiş deri keşfedilmiş. Ketenle yün MÖ. 6000'e doğru ortaya çıkmış: Böylece giysiler çok daha çekici olmuş!

Patlamış mısır ne zaman bulundu?

Aztekler ile Kızılderililer onu Amerikalılardan çok önce yiyorlarmış: MÖ. 5500'den kalma mezarlarda patlamış mısır izlerine rastlandı! Ama o zamanlarda yalnızca özel günlerde yenirmiş, örneğin cenazelerde...

MÖ.2500.

Kâğıt ne zaman bulundu?

MÖ. 2500'e doğru, ama Çinliler onun sırrını uzun süre gizlediler! O arada, Mısırlılar papirüsü, Anadolu'daki uygarlıklar da parşömeni buldular. Kâğıdın sırrı ise Araplar ve onların X. yüzyıldaki fetihleri sayesinde açığa çıktı.

330

Noel ne zamandan beri kutlanıyor?

Hristiyanlar eskiden 25 Aralık'ı kutlarlardı. Ama 330'da, bir keşiş kutlamaların dinsel olması gerektiğine karar verdi: 25 Aralık Noel'e, yani Hz. İsa'nın doğumunun kutlanmasına dönüştü. Çam ağacı ise sonradan, XVI. yüzyılda ortaya çıktı.

Okul ilk ne zaman ortaya çıktı?

Romalı ve Yunan ufaklıkların da öğretmenleri ve tabletleri vardı. Ama yazım konusunda dünyadan haberi olmayan askerlerine kızıp, 789'da okulu yaratan Charlemagne oldu. O okuldaki öğretmenler de rahiplerdi!

Latince ne zamandan beri konuşulmuyor?

Vikingler, Vizigotlar ve Franklar Galya'yı tuhaf sözcükleriyle fethedeli beri. Örneğin Fransızcadaki *vague* (dalga) sözcüğü Viking dilinden gelme bir sözcüktür, *flèche* (ok) ise Frank dilinden. Hıristiyan âyinlerinde hâlâ Latince duyabilirsin...

X. yüzyılda

Sabun ne zamandan beri var?

Mısırlılarla Yunanların temiz kalmak için kendilerine özgü reçeteleri vardı: Kum, kül ve... koyun yağı! Ama X. yüzyıla doğru, Araplar hayvan yağının yerine zeytinyağı kullanmayı düşündüler: Böylesi daha iyi!

XIV. yüzyılda

Gözlük ne zaman icat edildi?

Camın icat edilmesinden sonra, XIV. yüzyılda. Başlangıçta bu gözlüklerin sapı yoktu, burnun üstünde dengede duruyordu. O haliyle bile keşişlerin kutsal metinleri okurken kullandıkları "okuma taşları"ndan, yani iri büyüteçlerden daha kullanışlıydı!

1370

Parfüm ne zaman icat edildi?

İlk parfümün tarihi 1370. Adını "Macaristan Kraliçesi'nin Suyu" koymuşlar. Biberiye, bergamot ve yasemin bazlı bir parfüm bu, bugün de satılıyor. Kraliçeler gibi kokmak istersen diye...

1492

Çikolata ne zamandan beri yeniyor?

Kristof Kolomb 1492'de Amerika'yı keşfedeli beri. Biber, vanilya, karabiber: Bu önce baharatlı bir içecek, bir tür ilaçmış. XIV. Louis bayılırmış ona. Bugün, dünyada en çok çikolata tüketen ülke yılda kişi başına ortalama 9 kiloyla İsviçre.

1574

İnsanlar ne zamandan beri çatalla yemek yiyor?

XVI. yüzyıldan beri. Aslında, çatal XI. yüzyılda da vardı, ama lüks bir nesneydi ve pek kullanışlı değildi: Yalnızca iki dişliydi! Bu da çok normal, çünkü önceleri spagetti yerken kullanılıyordu!

1595

Sifon ne zaman icat edildi?

1595'te, İngiliz John Harington tarafından, vaftiz annesi İngiltere Kraliçesi için! Majesteleri kendi dışkılarının kokusuna artık katlanamıyormuş. Harington ise bir muslukçu değil, ozanmış.

1660'a doğru

İnsanlar ne zaman peruk takıyorlardı?

XIV. Louis'nin zamanında, 1660'a doğru. Ama Mısırlılar da daha önce güneşten korunmak için peruk takarlarmış. İnsanlar sahte kalçalar, sahte baldırlar da takmışlar: Çok tuhaf doğrusu! İngiltere'de, yargıçlarla milletvekilleri hâlâ peruk takıyorlar.

1728

Diş telleri ne zamandan kalma?

1728'den! Fransız bir dişçi dişleri ipek iplik yardımıyla düzeltmek için dişlere küçük metal levhalar takmayı düşünmüş. Hiç fena fikir değil gerçekten! Dolguyu ve ağız banyosunu da o bulmuş. Ama bu banyo sidikle yapılıyormuş!

1760

Tekerlekli paten ne zaman icat edildi?

1760'ta, yazın buzda paten kayamadığına üzülen bir Belçikalı sayesinde. İlk denemelerinde dosdoğru camlı bir kapıya çarpmış. Ama bu denemelerin sonucunda patenin ucuna bir fren eklenmesi gerektiği anlaşılmış!

1765

Sandviç ne zaman bulundu?

1765'te, İngiltere'de, Kont Sandwich sayesinde. İskambil oynamaya çok düşkün olan Kont ellerini kirletmeden oynamayı sürdürebilmek için iki dilim ekmek arasında tuzlanmış sığır eti yemeye başlamış!

1781

Ne zamandan beri patates kızartması yeniyor?

Patates Avrupa'ya geleli beri, demek ki XVIII. yüzyıldan bu yana! Patatesi balık niyetine kızartmadan önce çubuk şeklinde ilk kesenler Belçikalılar olmuştur. Ama Amerikalılar patates kızartmasına hâlâ "*french fries*" (Fransız patates kızartması) derler!

1794

Fransızların mavi-beyaz-kırmızı renkli bayrağı ne zamandan kalma?

Bu renkleri Fransa kralları da kullanırmış, ama bayrak Devrim sırasında, 1794'te ortaya çıkmış. Bir ressam çizgilerin düzenini ve yönünü seçmiş. Hollanda bayrağındaysa aynı renkler yatay olarak sıralanır.

1800

Elektrik ne zaman bulundu?

XIX. yüzyılda, İtalyan Alessandro Volta sayesinde. Volta'nın en önemli icadı elektrik pilidir. Elektrik evlere 1879'da, Thomas Edison'un ampulüyle girdi. Ondan önce, herkes mum kullanıyordu.

1804

İlk trenler ne zaman yola çıktı?

Raylarda yola çıkan ilk trenler 1804'te İngiliz trenleriydi. Treni buharlı bir lokomotif çekiyor, vagonlar da mal taşıyordu. İlk yolcu treni 1825'te yola çıktı, ilk hızlı tren hattıysa Japonya'da 1964'te açıldı.

1817

Bisikletler ne zamandan kalma?

1817'den. İlk "drezin"in de freni vardı, ama pedalı yoktu. 1868'deyse, "velosipet"in pedalları vardı, ama freni yoktu! Sonuçta, 1890'dan sonra durum düzelmeye başladı: Bisikletin artık lastikleri vardı!

1828

Otobüsler ne zamandan kalma?

Otobüsün atası atların çektiği, iki katlı büyük bir tür araba olan omnibüstür. Onun yerini 1905'te motorlu otobüsler aldı: Bunlar daha ucuzdu, ama çevreyi çok daha fazla kirletiyorlardı! Bugün, yaşasın elektrikli otobüsler!

XIX. yüzyılın ortası

İlaçlar ne zaman bulundu?

Atalarımız kendilerini bitkilerle ve minerallerle tedavi ediyorlardı: Çamur, kekik, ısırgan otu... Her şey mevsimlere bağlıydı. XIX. yüzyılda, kimya bitkilerin etkilerinden yazın da kışın da yararlanılmasını sağlayacak şekilde ilaçları yarattı!

XIX. yüzyılın ortası

İlk arabalar ne zaman yola çıktı?

Tarihteki ilk araba 1769 tarihlidir, ama o daha çok bir at arabasını andırır. Arabaların kentlerde dolaştığını görmek için XIX. yüzyılı beklemek gerekti, ama biliyor musun, onların da ne tavanı vardı, ne ön camı!

1857

Tuvalet kâğıdı ne zamandan beri kullanılıyor?

Bir Amerikalının aklına sarısabırla yumuşatılmış özel bir kâğıt icat etmek geleli beri. Ama örneğin Fransızların sevgili gazete kâğıtlarından vazgeçmeleri için 1960'lı yılları beklemek gerekti. Oysa bugün yılda 10 kg kullanmaktalar!

1858

Moda defileleri ne zaman başladı?

1858'de, Fransız kadın terzisi Charles Frédéric Worth ilk kez giysilerini sergilemek için mankenleri arka arkaya yürüttüğünde. Ne var ki, o zamanlarda onlara manken değil, *sosie* denirdi. *Sosie* "kopya" anlamına geliyordu, çünkü müşterilere benzemeleri gerekiyordu.

1863

İlk metro ne zaman yapıldı?

Dünyadaki ilk metro 1863'te Londra'da yapıldı. Yuvarlak olduğu için "The Tube" adı verildi ona. Paris metrosu 302 istasyona uğrarken, o 274 istasyona uğruyor.

1868

Ne zamandan beri spor ayakkabı giyiliyor?

Amerikalı Charles Goodyear 1839'da kauçuğun dönüştürülmesini sağladı. İcadıyla çok gurur duyduğu için de onu her yerde kullandı: koltuklarında, şemsiyesinde, ayakkabılarının altında... Sporcular bu ayakkabıları 1868'de giymeye başladılar: Çok rahattı doğrusu!

1871

Sakız ne zaman icat edildi?

1871'de, Amerikalı Thomas Adams tarafından. Adams kauçuk yaptığını sanıyordu. Tarifi oyuncak, çizme ve lastik yapımında işe yaramadı, ama içine şekerle aroma eklendiğinde öyle büyük bir başarı kazandı ki!

1873

Ne zamandan beri kot giyiliyor?

Amerikalı Levi Strauss bundan 150 yıl önce altın arayıcılarını giydirmek için bu aşırı sağlam kumaşı kullandığından beri. Tulumdan dar kesime varıncaya dek kotun görüntüsü sık sık değişti, ama rahatlığı asla!

1873

Diş macunu ne zaman icat edildi?

Tebeşir, tuz, kil... Atalarımız da dişlerini türlü türlü tozla temizliyordu. Macun biçimindeki diş temizleyici 1873'te William Colgate'in çalışmalarının ardından icat edildi.

1884

Çöp kutuları ne zamandır var?

1884'te, Paris Valisi Eugène Poubelle (*poubelle* Fransızcada "çöp tenekesi" demektir), sokağa çöp atmayı yasaklayalı beri. Hatta Poubelle bir geri dönüşüm sistemi bile öngörmüştü: Sebze kabukları için bir kutu, camlar için bir başka kutu, midye kabukları için bir tane daha!

1885

İlk gökdelen ne zaman yapıldı?

1885'te, ABD'de, Chicago'da: Adı Home Insurance Building'di. 42 metrelik yüksekliği ve 580 penceresiyle o dönem için çok etkileyiciydi, ama bugün ondan yüz kat daha iyisi yapılıyor! Yapı 1931'de yıkıldı.

1886

Coca-Cola® ne zaman icat edildi?

1886'da, ABD'de. Başlangıçta, tarifinde alkol ve kokain vardı! Bugün, içindeki maddelerden en çok öne çıkan şeker. Sen bu satırları okurken, aşağı yukarı dünyanın her yerinde 100.000 kutu satılıyor!

1887

İlk rüzgâr türbini ne zaman yapıldı?

XXI. yüzyılda ya da XX. yüzyılda değil, XIX. yüzyılda: 1887'de! ABD'de üretilen bu türbin hava akımından 12 batarya, 350 lamba ve 3 motor için yaklaşık 12 kW'lık bir enerji sağlıyordu, oysa bugün büyük türbinler 3 MW'lık bir enerji sağlayabiliyor!

1890

Mayo ne zaman icat edildi?

1890'a doğru. Kollar için iki delik, iki tane bacaklar için, bir tane de baş için: O zamanın mayosu yün bir bebek tulumunu andırıyordu! İlk gerçek bikiniler 1960'a doğru giyildi.

Kadınlar ne zamandır pantolon giyiyor?

Kadınlar da erkekler gibi çalışmaya başlayalı beri. Fransa'da, bir yasa kadınların ancak ata ya da bisiklete binerken pantolon giyebileceğini söylüyordu. Bu yasa ancak 2013'te kaldırıldı!

1902

İlk pelüş ayı ne zaman üretildi?

1902'de. Bir Alman kadın hayvanat bahçelerine bayılan yeğeni için dikti onu. Amerikalılar da oyuncak ayılara başkanları Teddy Roosevelt'e gönderme yaparak "Teddy Bear" dediler.

1903

İlk uçak ne zaman uçtu?

17 Aralık 1903'te, ABD'de, Kitty Hawk Kumsalı'nın üstünde. 36 metre gitti, yani bir futbol sahasından daha kısa bir mesafe! Ama tanıklar oradaydı: 12 saniye boyunca, uçak yere değmedi.

1904

Pamuk şeker ne zaman bulundu?

1904'te, ABD'de, Evrensel Saint-Louis Fuarı'nda. Olacak şey değil ama bu dev şekerin yaratıcısı bir dişçiydi!

1913

Buzdolabı ne zaman icat edildi?

1913'te. Öncesinde, besinler karda korunuyordu! Peki ya yazın? Şatolarda 600 tona dek buz alabilen, on metre derinliğinde özel kuyular vardı. Ama bunları kullanabilmek için şatoda oturmak gerekiyordu...

1913

Ne zamandan beri iç çamaşırı giyiliyor?

Çok olmadı! 1900'e dek, erkekler daha ziyade uzun iç donları giyer, kadınlarsa içlerine hiçbir şey giymezlerdi! Sporcular uzun iç donunun bacaklarını kesip ona bir lastik taktılar (böylesi daha güvenliydi!). O zamandan beri, herkes giyiyor!

1920

Ne zamandır pijama giyiliyor?

Kadın terzisi Coco Chanel 1920'ye doğru kumsal giysisi modasını başlatalı beri. Giysi öyle rahattı ki kadınlar onu yatakta giymeye karar verdiler. Erkeklerse, 1970'e dek "gece entarisi" giydiler!

1930

İlk süpermarket ne zaman açıldı?

1930'da, ABD'de. Kasaba, fırına, manava gitmeye gerek yoktu artık: Tek bir yerde her şey bulunabiliyordu! Fiyatlar daha düşüktü, ama kasalardaki sıralar da daha uzundu!

1930'lu yıllar

Trafik lambaları ne zamandan kalma?

1914'te, ABD'de, Cleveland'daki ilk trafik lambaları tek renkliydi: Kırmızıda geçiliyor, zil çalınca duruluyordu. 1930'dan başlayarak, kırmızı ışık durulması gerektiğini gösterir oldu!

1930'lu yıllar

Scooter ne zaman icat edildi?

Dedenlerin zamanında da vardı: İlk scooter'lar iki dünya savaşı arası dönemde, 1930'a doğru üretilmişti. Ama onlar ahşaptan ya da demirdendi: Kısacası, çok ağırdılar. Alüminyum modası 2000'de başladı.

1936

Trambolin ne zaman icat edildi?

1936'da, ailesinin garajında alıştırma yapmayı kafasına koyan genç Amerikalı jimnastikçi George Nissen tarafından. İyi fikir: Öldüğünde neredeyse yüz yaşındaydı ve çok zengindi!

1936

Tatiller ne zaman başladı?

Avrupa'da eskiden öğrenciler tarlalarda çalışmak için tatile çıkarlardı. Yalnızca zenginler "gerçek" anlamda tatil yapabilirlerdi. Fransa'da 1936'dan ve "ücretli izinler"den beri, her ücretli çalışan birazcık dinlenmek için çalışmaya ara verebiliyor. Türkiye'de Yıllık Ücretli İzin Kanunu 1960'ta kabul edildi.

1938

Tükenmezkalemle ne zamandan beri yazılıyor?

1938'de, Marcel Bich adında biri mürekkeple dolu bir tüpün ucuna bir bilye yerleştirmeyi düşüneli beri. Lekelere, mürekkep hokkalarını doldurma işine ve kâğıdı yırtan tüy kalemlere elveda: Büyük-büyükbabanlar tüm bunları görmüş olmalı!

1948

İnsan Hakları Bildirisi ne zamandan kalma?

1948'de, savaştan sonra temel insan haklarını anımsatmak için 50 ülke tarafından onaylandı bu bildiri! Metin şöyle başlıyor: "Bütün insanlar özgür, onur ve haklar bakımından eşit doğarlar". Bildiri 403 dile çevrilmiştir.

1971

İlk e-posta ne zaman gönderildi?

1971'de, Amerikalı Ray Tomlinson tarafından. İletileri şifreleyip, ileti gönderilebilmesi için bilgisayarlara bir adres vermek gibi parlak bir fikir gelmişti aklına. Ama yazdığı şey o kadar parlak sayılmazdı: "*Qwertyuiop*", yani klavyesindeki ilk sıra harfler.

1981

İdam cezası ne zaman kalktı?

Çok da olmadı! Fransa'da, 1981'de yürürlükten kalktı; İngiltere'de 1998'de, Türkiye'deyse 2004'te. Ama kimi devletlerde ve ülkelerde, hâlâ suçluları cezalandırmada kullanılan bir yöntem idam cezası.

1983

İnternet ne zamandan beri var?

İnternet'ten önce, 1969'da Arpanet vardı. Ama bu ağı yalnızca araştırmacılar ve askerler kullanabiliyordu. Sonra Arpanet İnternet'e dönüşüp, 1983'te senin de vazgeçemediğin "www" ağına dönüştü!

1985

İlk robot ne zaman üretildi?

Leonardo da Vinci 1495'te kollarını oynatabilen bir robot-şövalye yapmıştı. Ama yürüyebilen ilk robotun tarihi 1985'tir. Bugün, robotlar koşuyor, ama boyları hâlâ bir metrenin biraz üstünde.

2000

Bilgisayarlarda 2000 yılı sorunu ne zaman yaşandı?

Yaşanmadı! Bilgi-işlem uzmanları yüzyıl değişiminin tarih yüzünden bilgisayarları bozacağını düşünmüşlerdi: 1 Ocak 2000 tıpkı 1 Ocak 1900 gibi "01/01/00" olarak yazılacaktı. Ama hiçbir şey olmadı...

2002

Avro ne zamandan beri kullanılıyor?

2002'den beri, Avrupa Birliği'ndeki tüm ülkelerde aynı para birimi kullanılsın diye. Tüm ülkeler derken Fransa Frank'a, İspanya Peseta'ya elveda dedi demesine ama İngiltere Sterlin'ini, Danimarka da Kron'unu korudu..

Dizin

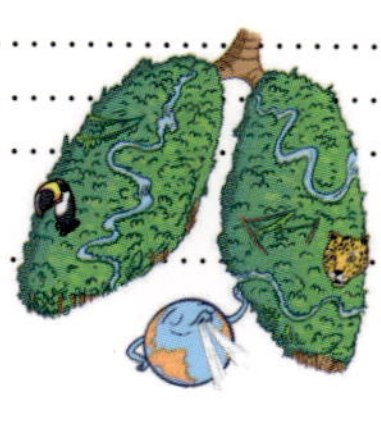

s. 41 altta: Leonardo da Vinci'nin *Vitruvius Adamı* adlı yapıtından özgürce esinlenmiş resimleme.

s. 58 altta: Leonardo da Vinci'nin *Mona Lisa* adlı yapıtından özgürce esinlenmiş resimleme.

s. 63 üstte: Tescilli bir DreamWorks Animation L.L.C. markası olan Shrek'ten® özgürce esinlenmiş resimleme.

s. 66 üstte: Sir Arthur Conan Doyle'un *Sherlock Holmes* adlı yapıtından özgürce esinlenmiş resimleme.

s. 66 altta: Pablo Picasso'nun *Marie-Thérèse'in Portresi* adlı yapıtından özgürce esinlenmiş resimleme.

s. 69 üstte: Tescilli marke Goldorak'tan® özgürce esinlenmiş resimleme.

s. 70 altta: Tescilli marka Mickey Mouse'dan® özgürce esinlenmiş resimleme.

s. 71 üstte: Hergé'nin "Tintin" adlı yapıtından özgürce esinlenmiş resimleme. Tintin®, Kaptan Haddock®, Profesör Tournesol® ve Dupondt'lar® Moulinsart SA'nın tescilli markalarıdır.

s. 72 üstte: DC Comics'in tescilli markası Superman'den® özgürce esinlenmiş resimleme.

s. 73 üstte: Antoine de Saint-Exupéry'nin *Küçük Prens* adlı yapıtından özgürce esinlenmiş resimleme.

s. 73 altta: Enid Blyton'ın Noddy'sinden özgürce esinlenmiş resimleme.

s. 75 altta: Peyo'nun *Şirinler* adlı yapıtından özgürce esinlenmiş resimleme.

s. 76 üstte: Roy Lichtenstein'ın *M-Maybe* adlı yapıtından özgürce esinlenmiş resimleme.

s. 77 üstte: Tescilli marka Playstation'dan® özgürce esinlenmiş resimleme.

s. 77 altta: Tescilli marka Barbapapa'dan® özgürce esinlenmiş resimleme.

s. 78 üstte: Tescilli marka Star Wars'tan® özgürce esinlenmiş resimleme.

s. 79 üstte: Warner Bros Entertainment Inc.'nin tescilli markası Harry Potter'dan® özgürce esinlenmiş resimleme.

s. 95 altta: Tescilli marka Levi's'tan® özgürce esinlenmiş resimleme.

s. 97 altta: Tescilli marka Coca-Cola® şişesinden özgürce esinlenmiş resimleme.

s. 102 altta: Tescilli marka King Kullen'den® özgürce esinlenmiş resimleme.

s. 105 üstte: Tescilli marka Bic'ten® özgürce esinlenmiş resimleme.